Suppen

AUTORIN: ANNE-KATRIN WEBER | FOTOS: WOLFGANG SCHARDT

Praxistipps

Extra

Rezepte

Vom Getreidebrei zur Soup-Bar

Ob klar oder sämig, ob schlicht oder üppig – eine selbst gekochte gute Suppe ist der Helfer für (fast) jede Lebenslage!

Suppentradition

In unserer Esskultur haben Suppen eine lange Tradition. Zunächst gab es sie in Form eines warmen Getreidebreis, der als Porridge bis heute überlebt hat. Der Begriff »Suppe« ist abgeleitet vom Saufen oder Schlürfen der Mahlzeit. Letzteres hat sich beim Suppenessen in asiatischen Ländern erhalten und versinnbildlicht den Genuss des Löffelns.
Ob Sie eine englische »soup«, eine spanische oder portugiesische »sopa« zu sich nehmen, eine französische »soupe« oder eine italienische »zuppa«: Suppen werden einfach überall gerne gegessen. Eintöpfe wie der russische Borschtsch oder die berühmte Marseiller Fischsuppe »Bouillabaisse« wurden sogar zu Nationalgerichten, die nach wie vor ganz klassisch, aber auch in unzähligen Variationen zubereitet werden.

Suppen stärken

Suppen sind magenschmeichelnde Leibspeisen und aufbauendes Lebenselixier. Kranken, Genesenden und Frauen nach der Geburt empfiehlt man bis heute eine stärkende Hühner- oder Rinderbrühe. Suppen können trösten, wärmen und sättigen, ohne zu sehr zu belasten. Im Frühling bringen kräuterfrische Suppen unseren müden Organismus wieder auf Trab, im Sommer erfrischen uns kalte Suppen, im Herbst brauchen wir die Soul-Suppe für die kürzer werdenden Tage und im Winter heizt uns ein warmes Süppchen oder ein deftiger Eintopf von innen ordentlich ein.

Suppen verbinden

Suppen sind nicht zuletzt heiß geliebte Familienessen, und in vielen Familien gibt es auch heute noch Lieblingssuppen, die klassischer Auftakt eines Festmenüs sind. Fast jede Region hat ihre spezielle klare »Hochzeitssuppe« mit unterschiedlichen Einlagen. Aber auch zum Fast-Food-Hit haben sich Suppen entwickelt: In bald jeder größeren Stadt gibt es heute Soup-Bars, kleine Stehrestaurants, die auf Suppen und Eintöpfe spezialisiert sind. Dort treffen Geschäftsleute und Studenten zum mittäglichen Suppenessen aufeinander und löffeln einträchtig trendige Asia-Süppchen, traditionellen Bohneneintopf oder gesunde Kürbissuppe – jeder nach seinem Geschmack.

Kreative Suppenküche

Mit Suppen wird es nicht langweilig. Suppen laden förmlich dazu ein, immer wieder neue Variationen auszuprobieren. Suppen schmecken in jeder Form: ganz schlicht, aus nur wenigen Zutaten zubereitet oder nach raffinierten Rezepten gekocht. Es gibt sie ganz klar, fein cremig oder mit satt machenden Stücken darin. Die einen sind ein feiner Starter vorweg, die anderen vollständiges Hauptgericht. Manche gehen ganz fix, kochen sich fast nebenher, andere benötigen mehr Zeit zum Brodeln und schmecken erst dann so richtig gut. Viele Suppen können gut vorbereitet werden, manche vertragen auch einen »Kälteschlaf« im Tiefkühler. Bestimmt finden auch Sie jetzt Ihre persönliche Lieblingssuppe!

Welche Suppe darf's denn sein?

Klare Suppen sind was Feines! Sie sind ein beliebter Auftakt in einem Menü: Sie sättigen nur leicht, machen dafür aber umso mehr Appetit auf das, was noch folgt. Das A und O dafür ist eine selbst gekochte Brühe. Durch das Klären dieser Brühe erhält man die sogenannte Kraftbrühe oder auch Consommé (siehe S. 7).

Gebundene Suppen gibt es vielerlei. **Gemüsesuppen** erhalten ihre Bindung durch das mitgekochte Gemüse, das mit Pürierstab, Mixer oder in der Küchenmaschine fein püriert wird. Daher werden sie auch **Püreesuppen** genannt. Auf diese Art lassen sich aus sämtlichen Gemüsesorten und -mischungen schnelle und gesunde Suppen zaubern.

Verfeinert man die Suppe mit Sahne, Crème fraîche oder Sojasahne, erhält man eine **Creme- oder Rahmsuppe.** Geben Sie Sahne & Co. immer zuletzt an die Suppe, dann wird sie besonders cremig. Schön schaumig wird die Suppe, wenn Sie vorm Servieren 2–3 EL geschlagene Sahne unterziehen, oder Sie mixen die heiße Suppe kurz vorm Servieren mit dem Pürierstab auf.

Für **Samtsuppen** wird zunächst eine Mehlschwitze zubereitet. Für 1 l Suppe lässt man 2 EL Butter aufschäumen, rührt 2 EL Mehl hinein, bevor mit kalter Flüssigkeit (Brühe, Wasser, Wein) abgelöscht wird. Kräftiges Rühren verhindert, dass sich Mehlklümpchen bilden. Samtsuppen müssen mindestens 10 Min. richtig kochen, dann verschwindet der Mehlgeschmack. Wer's eilig hat, lässt die Mehlschwitze abkühlen, und gießt dann mit heißer Flüssigkeit unter Rühren auf. Samtsuppen werden noch feiner, wenn sie **legiert** werden: Für 1 l Suppe werden 1 Eigelb und 100 g Sahne verquirlt und zuletzt unter die heiße Suppe gerührt. Diese »Liaison« darf nicht mitgekocht werden, da das Eigelb ausflocken würde.

Zu den **gebundenen braunen Suppen** werden Suppen aus Fleisch, Wild und Geflügel gezählt. Diese deftigen Suppen erhalten ihren typischen Geschmack und die braune Farbe durch das Anrösten von Knochen und Röstgemüse. Gebunden werden sie in der Regel durch eine Mehlschwitze oder durch das Mitrösten von Mehl.

Neben dieser Einteilung gibt es eine Vielzahl regionaler und landestypischer Suppen, wie z. B. die Hamburger Aalsuppe oder die japanische Misosuppe. Überwiegend aus den heißen Ländern kommen **kalte Suppen** wie die spanische Gazpacho (siehe S. 39).

Pürieren

Sahne unterrühren

Legieren

Grundrezept: Rinderbrühe

1

2

3

600 g durchwachsenes Suppenfleisch
vom Rind (z. B. Ochsenbeinscheibe)
1 Zwiebel
1 Bund Suppengrün
1–2 Knoblauchzehen
3 Zweige frischer Thymian oder Petersilie
2 Lorbeerblätter
10 schwarze Pfefferkörner
5 Pimentkörner
5 Wacholderbeeren
Salz
Pfeffer
Muskatnuss

Für ca. 1 ½ l
20 Min. Zubereitung | 2 Std. Garen

1 Das Fleisch kalt abspülen. Die Zwiebel schälen und halbieren. Die Zwiebelhälften mit den Schnittflächen nach unten in einen großen Topf legen und anrösten, bis die Schnittflächen braun sind (Bild 1).

2 2 ½ l kaltes Wasser in den Topf dazugießen, das Fleisch dazugeben. Langsam aufkochen und mit halb aufgelegtem Topfdeckel bei kleiner Hitze ca. 1 Std. ganz sanft kochen lassen.

3 Inzwischen das Suppengrün waschen, putzen und in grobe Stücke teilen. Den Knoblauch schälen. Die Kräuterzweige waschen. Suppengrün, Knoblauch, Kräuterzweige und Gewürze dazugeben und alles 1 weitere Std. sanft kochen lassen. Den dabei entstehenden Schaum immer wieder abschöpfen, damit die Brühe klar bleibt (Bild 2).

4 Das Fleisch herausnehmen, vom Knochen lösen und nach Belieben als Suppenfleisch verwenden. Die Brühe durch ein feines Sieb in einen zweiten Topf gießen (Bild 3) und mit Salz, Pfeffer und Muskat abschmecken.

VORRATS-TIPP

Brühe ganz abkühlen lassen, so hält sie sich zugedeckt im Kühlschrank 3–4 Tage oder im Tiefkühler 6 Monate.

Kraftbrühe

Durch Klären der Rinderbrühe erhält man eine Kraftbrühe, die auch **Consommé** genannt wird. Für ca. 1 l 300 g Klärfleisch (mageres gehacktes Rindfleisch) mit je 1 gewürfelten Zwiebel und Möhre, ½ Stange Lauch und 100 g klein gewürfeltem Knollensellerie vermischen. 2 Eiweiße und 10 Eiswürfel kräftig unterrühren. Mit 1 l kalter Rinderbrühe in einen Topf geben. Unter gelegentlichem Rühren langsam aufkochen lassen. Beim Kochen bindet das Eiweiß die Trübstoffe und setzt sich als sogenannter Klärkuchen an der Oberfläche ab. Sobald die Mischung aufkocht, nicht weiterrühren. Bei ganz kleiner Hitze ca. 30 Min. sieden lassen. Dann den Topf vom Herd ziehen und alles noch 30 Min. ziehen lassen. Den Klärkuchen mit einer Schaumkelle abnehmen und wegwerfen, die Brühe durch ein mit einem Passiertuch ausgelegtes Sieb gießen und evtl. salzen.

Hühnerbrühe

Für ca. 2 l Hühnerbrühe 1 Suppenhuhn (ca. 1 ½ kg) gründlich innen und außen kalt abspülen und in einen großen Topf geben. 2 ½ l Wasser dazugießen und aufkochen lassen. 1 Std. mit halb aufgelegtem Topfdeckel sieden lassen. 1 Bund Suppengrün waschen, putzen und in grobe Stücke teilen. Suppengrün, 2 Lorbeerblätter, 10 schwarze Pfefferkörner und 3 Zweige Thymian oder Petersilie dazugeben und 1 weitere Std. sanft kochen lassen. Das Huhn aus der Brühe heben und etwas abkühlen lassen. Die Brühe durch ein feines Sieb gießen und mit 1–2 EL Zitronensaft, Salz und Pfeffer abschmecken. Das Huhn häuten, das Fleisch von den Knochen lösen und z. B. als Einlage für eine Hühnersuppe oder für Geflügelsalat verwenden.

Gemüsebrühe

Für ca. 2 l aromatische Gemüsebrühe 2 Zwiebeln und 1–2 Knoblauchzehen schälen, Zwiebeln vierteln. 2 Bund Suppengrün und 1 kleine Fenchelknolle oder 2 Stangen Staudensellerie waschen, putzen und grob zerkleinern. Zwiebeln, Knoblauch und Gemüse in einem großen Topf in 2 EL Öl ca. 5 Min. anrösten. 2 ½ l Wasser dazugießen und aufkochen lassen. 2 Tomaten waschen und grob würfeln. Tomatenstücke, 10 schwarze Pfefferkörner, 2 Lorbeerblätter und 3 Zweige Thymian oder Petersilie zur Brühe geben. Die Brühe mit halb aufgelegtem Deckel bei kleiner Hitze 1 Std. sanft kochen lassen, dann durch ein feines Sieb gießen. Mit Salz und Pfeffer abschmecken.

Beliebte Suppeneinlagen

Klößchen, Flädle & Co. schmecken in klaren Tassen und cremigen Süppchen. Alle Rezepte sind für 4 Personen.

Grießklößchen

Grießklößchen 50 g weiche Butter schaumig rühren. 1 Ei, 1 EL Wasser und 100 g Hartweizengrieß unterrühren. Mit Salz, Pfeffer und Muskatnuss würzen. 5 Min. quellen lassen. Aus der Grießmasse mit zwei in kaltes Wasser getauchten Teelöffeln kleine Klößchen formen. In siedendem Salzwasser (oder Rinderbrühe) 10–15 Min. gar ziehen lassen.

Flädle

Flädle 50 g Mehl mit 100 ml Milch glatt rühren. 2 Eier unterrühren, salzen und pfeffern. 1 EL fein gehackte Kräuter (z. B. Schnittlauch, Petersilie, Kerbel) unterrühren. Den Teig 10 Min. quellen lassen. In einer beschichteten Pfanne jeweils 1–2 TL Butter erhitzen und aus dem Teig nacheinander 4–5 dünne Pfannkuchen backen. Die Pfannkuchen aufrollen, abkühlen lassen, in Streifen schneiden und kurz vor dem Servieren in die heiße Suppe geben.

Geflügelklößchen

Geflügelklößchen 150 g Hähnchenbrustfilet in kleine Würfel schneiden und 10 Min. gefrieren. 1 Scheibe Toastbrot entrinden und würfeln. Fleisch, Toastbrotwürfel, 1 EL Zitronensaft und 100 g kalte Sahne im Blitzhacker fein pürieren, kräftig salzen und pfeffern. Aus der Geflügelfarce mit zwei in kaltes Wasser getauchten Teelöffeln kleine Klößchen formen. In siedendem Salzwasser (oder Hühnerbrühe) ca. 7 Min. gar ziehen lassen.

Eierstich 2 Eier und 2 Eigelbe gut verrühren. 150 ml Milch aufkochen, unter Rühren dazugeben. Durch ein feines Sieb passieren, mit Salz, Pfeffer und Muskat würzen. Ein Wasserbad vorbereiten und eine hitzefeste Schale mit Butter einfetten. Eiermilch hineingeben und die Schale ins heiße Wasserbad stellen (sie sollte zu ⅔ im Wasser stehen). Zugedeckt bei ganz kleiner Hitze ca. 30 Min. stocken lassen. Herausnehmen, den Eierstich abkühlen lassen und in Würfel schneiden.

Eierstich

Ricottaklößchen 100 g Ricotta-Frischkäse und 2 Eigelbe gründlich verrühren. 25 g Semmelbrösel, 25 g Mehl und 25 g fein geriebenen Parmesan unterrühren. Mit Salz und Pfeffer würzen. Nach Belieben 1 EL fein gehackte Basilikumblättchen untermischen. Aus der Käsemasse mit zwei in kaltes Wasser getauchten Teelöffeln kleine Klößchen formen. In siedendem Salzwasser (oder Gemüsebrühe) 8–10 Min. gar ziehen lassen.

Ricottaklößchen

Grünkernbällchen ¼ l Milch mit 40 g Butter, ½ TL Salz und 1 Prise Muskat aufkochen. 100 g Grünkernschrot (Bioladen oder Reformhaus) hinzufügen. Ca. 5 Min. unter Rühren kochen lassen, bis sich die Masse als Kloß vom Topfboden löst. Etwas abkühlen lassen, dann 1 Ei und 1 EL fein gehackte Petersilie kräftig unterrühren. Aus der Masse mit angefeuchteten Händen kleine Bällchen formen. In siedendem Salzwasser (oder Gemüsebrühe) 10 Min. gar ziehen lassen.

Grünkernbällchen

Klar und mit Durchblick

Die klaren Tassen voll duftender Aromen haben vielerlei Namen: Kraftbrühe, Consommé, Sud, Essenz, Bouillon oder auch Tee. Eine selbst gekochte Brühe oder ein guter Fond ist das A und O für alle klaren Süppchen. An der Rote-Bete-Bouillon gefallen mir besonders ihre leuchtende Farbe und die Leichtigkeit der Suppe.

Rote-Bete-Bouillon mit Butternockerln

Salz
40 g weiche Butter
2 Eigelbe
120 g Mehl
Pfeffer
Muskatnuss
2 Eiweiße
250 g Rote Bete
1 l Rinderbrühe (S. 6 oder Rinderfond aus dem Glas)
1–2 Frühlingszwiebeln

Für 4 Personen | 30 Min. Zubereitung
Pro Portion ca. 265 kcal, 12 g EW, 12 g F, 26 g KH

1 Für die Butternockerln reichlich Salzwasser in einem großen Topf aufkochen. Butter und Eigelbe schaumig rühren. Das Mehl löffelweise hinzufügen und weiterrühren, bis ein glatter Teig entstanden ist. Mit Salz, Pfeffer und Muskatnuss würzen. Die Eiweiße steif schlagen und unterheben. Mit zwei in kaltes Wasser getauchten Teelöffeln vom Teig kleine Nocken abstechen und in das siedende Wasser geben. 5 Min. darin sanft kochen lassen, dann die Hitze reduzieren und die Nockerln noch 6–8 Min. ziehen lassen. Mit einer Schaumkelle herausheben und mit Frischhaltefolie bedeckt warm halten.

2 Für die Bouillon die Rote Bete schälen, in knapp 1 cm dicke Scheiben und anschließend in kleine Würfel schneiden. Die Rinderbrühe aufkochen und die Rote-Bete-Würfel darin in 8–10 Min. bissfest kochen. Die Frühlingszwiebeln putzen, waschen und in feine Ringe schneiden. Die Butternockerln auf Teller verteilen, mit der heißen Suppe umgießen und mit den Frühlingszwiebelringen bestreuen.

aromatisch

Fischsuppe mit Safran

125 g Wildreis-Mischung | Salz
1 mittelgroßer Zucchino
2–3 Knoblauchzehen
1 Tütchen Safranfäden (0,1 g)
400 g festes Fischfilet (z. B. Seeteufel, Heilbutt, Rotbarbe)
3–4 Zweige frischer Thymian
2–3 EL Olivenöl
1 ¼ l Fischfond (aus dem Glas)
100 g TK-Erbsen
1–2 Spritzer Zitronensaft | Pfeffer

Für 4 Personen | 30 Min. Zubereitung
Pro Portion ca. 295 kcal, 20 g EW, 9 g F, 29 g KH

1 Den Reis in kochendem Salzwasser nach Packungsanweisung bissfest kochen, in ein Sieb abgießen und kalt abspülen. Inzwischen den Zucchino waschen, putzen und in Würfel schneiden. Den Knoblauch schälen und in feine Scheibchen schneiden. Den Safran in 2–3 EL heißem Wasser auflösen. Den Fisch kalt abspülen und trocken tupfen. Gräten mit einer Pinzette herausziehen und die Filets in mundgerechte Stücke schneiden. Thymian waschen, trocknen, die Blättchen hacken.

2 In einem weiten Topf das Olivenöl erhitzen, Zucchiniwürfel darin unter Wenden 1–2 Min. anbraten. Knoblauch dazugeben und kurz mitbraten. Fischfond, Safranwasser mit den Fäden und den Thymian dazugeben, aufkochen und bei mittlerer Hitze 2 Min. kochen lassen. Erbsen und Fischstücke dazugeben, die Hitze reduzieren und den Fisch 5 Min. ziehen lassen. Den Reis unterrühren. Mit Zitronensaft, Salz und Pfeffer abschmecken.

leichte Küche | vegetarisch

Spinatsuppe mit Ei

250 g Tomaten
1 Zwiebel
1–2 Knoblauchzehen
1 kleine rote Chilischote
400 g Blattspinat
2 EL Olivenöl
1 l Gemüsebrühe (S. 7 oder Instant)
Salz | Pfeffer
4 Eier
4 Scheiben Ciabatta-Brot
2 EL frisch gehobelter Parmesan

Für 4 Personen | 30 Min. Zubereitung
Pro Portion ca. 260 kcal, 15 g EW, 13 g F, 18 g KH

1 Die Tomaten von Stielansätzen befreien, überbrühen, häuten, quer halbieren, Flüssigkeit und Kerne herausdrücken, das Tomatenfleisch würfeln. Zwiebel und Knoblauch schälen und fein hacken. Chili aufschlitzen, entkernen, waschen und ganz fein hacken. Den Spinat putzen und waschen.

2 Zwiebel, Knoblauch und Chili im Öl 1 Min. dünsten. Den Spinat tropfnass dazugeben und in 30 Sek. zusammenfallen lassen. Die Brühe hinzufügen und alles bei kleiner Hitze ca. 2 Min. kochen lassen. Die Tomaten dazugeben. Mit Salz und Pfeffer abschmecken. Die Eier nacheinander in einer Tasse aufschlagen und in die heiße Suppe gleiten lassen. In 5–6 Min. darin stocken lassen.

3 Die Brotscheiben im Toaster rösten und je 1 Scheibe in einen tiefen Teller legen. Die pochierten Eier daraufgeben, die Suppe daraufgießen. Mit Parmesan bestreuen.

oben: Fischsuppe mit Safran | unten: Spinatsuppe mit Ei

für Genießer

Klare Steinpilzsuppe mit Polentaklößchen

Mit diesem feinen Süppchen zieht der Duft des Herbstes bei Ihnen ein – Ihre Gäste werden begeistert sein!

Für die Suppe
25 g getrocknete Steinpilze
200 g Champignons
200 g frische Steinpilze
2 EL Olivenöl
Salz | Pfeffer
150 ml trockener Weißwein
800 ml Gemüsebrühe (S. 7 oder Gemüsefond aus dem Glas)
2–3 EL weißer Portwein (nach Belieben)

Für die Polentaklößchen
1 gehäufter EL Butter
Salz
Muskatnuss
Pfeffer
80 g Instant-Polenta (Maisgrieß)
2–3 Zweige frischer Thymian
1 Ei

Für 4 Personen | 55 Min. Zubereitung
Pro Portion ca. 230 kcal, 10 g EW, 9 g F, 17 g KH

1 Die getrockneten Steinpilze in einem Schälchen mit 200 ml kochendem Wasser übergießen und einweichen.

2 Für die Polentaklößchen 300 ml Wasser mit der Butter, ½ TL Salz, etwas Muskat und Pfeffer aufkochen. Unter ständigem Rühren die Polenta einrieseln lassen. Den Brei bei kleiner Hitze ca. 10 Min. ausquellen lassen, dabei immer wieder umrühren.

3 Den Thymian waschen, trocken schütteln, die Blättchen abzupfen und fein hacken. Die Polenta in eine Schüssel geben. Die Thymianblättchen und das Ei unter die Klößchenmasse rühren.

4 In einem Topf reichlich Salzwasser aufkochen. Aus der Klößchenmasse mit zwei in kaltes Wasser getauchten Teelöffeln kleine Klößchen formen und bei kleiner Hitze im siedenden Wasser ca. 5 Min. gar ziehen lassen. Die Klößchen mit einer Schaumkelle herausheben und mit Frischhaltefolie bedeckt warm halten.

5 Die frischen Pilze gründlich putzen, abreiben und in Scheiben schneiden. Das Olivenöl in einem Topf erhitzen, die Pilze darin 2 Min. kräftig anbraten, salzen und pfeffern. Mit dem Weißwein ablöschen, etwas einkochen lassen, dann die Gemüsebrühe dazugießen und aufkochen lassen. Die Einweichflüssigkeit der Steinpilze durch einen Papier-Kaffeefilter dazugießen, die eingeweichten Pilze wegwerfen. Die Suppe noch 2 Min. weiterkochen lassen und nach Belieben mit Portwein, Salz und Pfeffer abschmecken.

6 Die Polentaklößchen auf Suppenteller verteilen. Die heiße Suppe daraufgießen.

PRAXIS-TIPP

Um ganz sicherzugehen, dass die Klößchen beim Kochen nicht zerfallen, am besten zuerst ein »Probeklößchen« kochen. Sollte es zu weich sein, etwas Speisestärke zur Klößchenmasse geben.

deftiger Klassiker

Speckknödelsuppe

200 g altbackenes Vollkorntoastbrot
200 ml Milch
60 g magerer Räucherspeck
1 große Zwiebel | 1 Bund glatte Petersilie
2 EL Butter
2 Eier | 4–5 EL Mehl
Salz | Pfeffer | Muskatnuss
1 l Rinderbrühe (S. 6 oder Rinderfond aus dem Glas)
1 Bund Schnittlauch

Für 4 Personen | 45 Min. Zubereitung
Pro Portion ca. 395 kcal, 17 g EW, 21 g F, 32 g KH

1 Für die Speckknödel das Brot in kleine Würfel schneiden und in eine Schüssel geben. Die Milch erhitzen und darübergießen. Zugedeckt 10 Min. durchziehen lassen. Den Speck fein würfeln, die Zwiebel schälen und ebenfalls fein würfeln. Die Petersilie waschen, trocken schütteln, die Blättchen fein hacken. Speck- und Zwiebelwürfel in der Butter 3 Min. anschwitzen, die Petersilie unterrühren. Die Speck-Zwiebel-Mischung mit den Eiern und dem Mehl unter die Brotmischung rühren, mit Salz, Pfeffer und Muskat abschmecken.

2 Reichlich Salzwasser in einem Topf aufkochen. Mit angefeuchteten Händen aus dem Knödelteig ca. 20 kleine Knödel (oder 8 große) formen und im siedenden Wasser 10 Min. ziehen lassen. Inzwischen die Rinderbrühe erhitzen. Den Schnittlauch waschen, trocken schütteln und in feine Röllchen schneiden. Die Knödel mit einer Schaumkelle herausnehmen und in die heiße Brühe geben. Den Schnittlauch darüberstreuen.

die schmeckt Kindern!

Bunte Hühnersuppe

1 Zwiebel
1 Knoblauchzehe
2 Hähnchenkeulen
Salz
1 Bund Suppengrün
125 g Suppennudeln
1 Bund Kräuter (z. B. Petersilie, Kerbel oder Schnittlauch)
Pfeffer
Muskatnuss

Für 4 Personen
20 Min. Zubereitung | 40 Min. Garen
Pro Portion ca. 200 kcal, 12 g EW, 5 g F, 27 g KH

1 Die Zwiebel und den Knoblauch schälen. Die Hähnchenkeulen kalt abspülen und mit Zwiebel und Knoblauch in einen Topf geben. 1 ½ l Wasser mit ½ TL Salz dazugeben und aufkochen lassen. 30 Min. bei kleiner Hitze köcheln lassen. Inzwischen das Suppengrün waschen, putzen und in kleine Würfel bzw. dünne Ringe schneiden.

2 Zwiebel und Knoblauch aus der Brühe fischen und wegwerfen. Das Suppengrün dazugeben. Weitere 10 Min. kochen lassen. Die Hähnchenkeulen herausnehmen, das Fleisch vom Knochen lösen und mit den Fingern etwas kleiner zupfen. Wieder zur Brühe geben. Die Brühe erneut aufkochen und die Nudeln darin nach Packungsanweisung garen. Die Kräuter waschen und trocken schütteln, die Blättchen fein hacken. Die Hühnersuppe mit Salz, Pfeffer und Muskatnuss abschmecken und mit den Kräutern bestreuen.

oben: Speckknödelsuppe | unten: Bunte Hühnersuppe

gästefein | schnell

Tomatenbouillon mit Gemüse

Ganz was Feines, und dabei im Handumdrehen zubereitet – der perfekte Auftakt für ein unkompliziertes Sommermenü!

1 Knoblauchzehe
1 kleine rote Chilischote
500 g reife Tomaten
1 mittelgroße Möhre
1 Stange Staudensellerie
200 g Cocktailtomaten
1 l Gemüsebrühe (S. 7 oder Gemüsefond aus dem Glas)
Salz
Pfeffer
2–3 Stängel Basilikum

Für 4 Personen | 25 Min. Zubereitung
Pro Portion ca. 50 kcal, 2 g EW, ‹1 g F, 5 g KH

1 Den Knoblauch schälen und grob hacken, die Chili aufschlitzen, entkernen, waschen und hacken. Die Tomaten waschen, vierteln, von Stielansätzen befreien und mit Knoblauch und Chili in einem hohen Rührgefäß pürieren. Dann durch ein mit einem Passiertuch ausgelegtes Sieb streichen. Die Möhre schälen, den Staudensellerie waschen und putzen, beides in feine Würfel schneiden.

2 Die Stielansätze der Cocktailtomaten mit einem kleinen Messer herausschneiden, die Tomaten mit kochendem Wasser überbrühen, abschrecken und die Haut abziehen. Die Cocktailtomaten auf Suppentassen verteilen.

3 Die Gemüsebrühe in einem Topf aufkochen, Möhren- und Selleriewürfelchen darin 1–2 Min. kochen lassen. Die Tomatenflüssigkeit einrühren und alles noch einmal aufkochen lassen. Mit Salz und evtl. Pfeffer abschmecken. Das Basilikum waschen und trocken tupfen, die Blättchen abzupfen und in feine Streifen schneiden. Die heiße Tomatenbouillon über die Cocktailtomaten gießen, das Basilikum darüberstreuen.

TUNING-TIPPS

Zur Tomatenbouillon passen hervorragend die Ricottaklößchen von S. 9 oder knusprige Parmesancroûtons: Dafür 2 Scheiben Toastbrot in kleine Würfel schneiden. 30 g Parmesan fein reiben. In einer Pfanne 2 EL Butter aufschäumen lassen, die Toastbrotwürfel darin unter Wenden bräunen. Den Parmesan darüberstreuen und untermischen. Mit Pfeffer würzen. Die Croûtons herausnehmen und auf die heiße Suppe geben.

GUT ZU WISSEN

Je weniger Zutaten im Essen sind, umso größeren Wert sollten Sie auf die Qualität der Lebensmittel legen: Verwenden Sie für die Tomatenbouillon nur vollreife, aromatische Tomaten und eine selbst gekochte Gemüsebrühe oder einen guten Fond aus dem Glas.

Cremig und sahnig

Spargel, Kürbis & Co. werden mit Sahne oder Crème fraîche liiert und mit dem Pürierstab in Sekundenschnelle fein püriert. Im Frühling koche ich häufiger ein cremiges Spargelsüppchen – und am Ende der kurzen Spargelsaison freue ich mich schon wieder aufs nächste Frühjahr.

Spargelcremesuppe

500 g weißer Spargel
Salz | Zucker
4 EL Butter | 2 EL Mehl
100 ml trockener Weißwein (oder Gemüsebrühe und 1 EL Zitronensaft)
100 g Sahne
Pfeffer
2–3 EL Orangensaft
½ Bund Kerbel

Für 4 Personen | 1 Std. Zubereitung
Pro Portion ca. 210 kcal, 3 g EW, 16 g F, 9 g KH

1 Den Spargel waschen, die Enden großzügig abschneiden und die Stangen schälen. Die Schalen mit 1 l Wasser, knapp 1 TL Salz, 1 TL Zucker und 1 EL Butter aufkochen. 20 Min. bei kleiner Hitze ziehen lassen. Den Sud durch ein feines Sieb gießen und etwas abkühlen lassen.

2 Von den Spargelstangen die Spitzen abschneiden, längs halbieren und zugedeckt beiseitestellen. Die Stangen in 2 cm lange Stücke schneiden. 2 EL Butter in einem Topf erhitzen, die Spargelstücke darin 2 Min. andünsten. Das Mehl darüberstäuben und unterrühren. Mit dem Wein ablöschen, einkochen lassen, dann unter Rühren den Spargelsud dazugießen. Aufkochen und bei kleiner Hitze 10 Min. kochen lassen. Pürieren und durch ein Sieb in einen zweiten Topf streichen. Die Sahne dazugießen und wieder erhitzen. Mit Salz, Pfeffer, Zucker und Orangensaft abschmecken.

3 Die restliche Butter in einer Pfanne erhitzen, die Spargelspitzen darin langsam in ca. 5 Min. anbraten. Salzen und pfeffern. Den Kerbel waschen, trocken schütteln, die Blättchen abzupfen. Die heiße Suppe in Teller gießen, die Spargelspitzen daraufgeben. Mit Kerbel bestreuen.

mit Kürbiskern-Gremolata

Kürbis-Orangen-Suppe

500 g Hokkaido-Kürbis
1 Zwiebel | 2 EL Butter
800 ml Gemüsebrühe (S. 7 oder Instant)
1 Lorbeerblatt
2 EL Kürbiskerne
½ Bund Koriandergrün (oder glatte Petersilie)
1 TL Koriandersamen
abgeriebene Schale von ½ Bio-Orange
Salz | Pfeffer
200 ml frisch gepresster Orangensaft
100 g Sahne | 1–2 Prisen brauner Zucker

Für 4 Personen | 40 Min. Zubereitung
Pro Portion ca. 210 kcal, 4 g EW, 15 g F, 13 g KH

1 Den Kürbis waschen, in Spalten schneiden, entkernen und in grobe Stücke schneiden. Die Zwiebel schälen, würfeln und in einem Topf in der Butter glasig dünsten. Den Kürbis 2 Min. unter Rühren mitdünsten. Brühe und Lorbeer dazugeben, aufkochen und bei kleiner Hitze 15 Min. kochen lassen.

2 Für die Gremolata die Kürbiskerne in einer Pfanne ohne Fett leicht rösten, bis sie duften. Herausnehmen und abkühlen lassen. Koriandergrün waschen, trocken schütteln, die Blättchen fein hacken. Koriandersamen im Mörser fein zerstoßen. Kürbiskerne fein hacken. Alles mit der Orangenschale mischen. Mit Salz und Pfeffer würzen.

3 Das Lorbeerblatt aus der Suppe nehmen, die Suppe pürieren. Orangensaft und Sahne unterrühren, erhitzen und mit Salz, Pfeffer und Zucker abschmecken. Die Suppe auf Teller verteilen und mit der Gremolata bestreuen.

mit Gemüsechips | winterlich

Topinambursuppe

500 g Topinambur
2 Schalotten
2 EL Butter
800 ml Hühnerbrühe (S. 7 oder Hühnerfond aus dem Glas)
1 l Öl zum Frittieren
Meersalz
Salz | Pfeffer | Muskatnuss
200 g Sahne

Für 4 Personen | 40 Min. Zubereitung
Pro Portion ca. 290 kcal, 4 g EW, 26 g F, 9 g KH

1 2 kleine oder 1 große Topinamburknolle beiseitelegen, die übrigen Knollen schälen und in Scheiben schneiden. Die Schalotten schälen und fein würfeln. Die Butter in einem Topf erhitzen, Schalotten darin glasig dünsten. Topinamburscheiben und Brühe dazugeben, aufkochen und bei kleiner Hitze 15 Min. kochen lassen.

2 Inzwischen die beiseitegelegten Topinambur gründlich abbürsten und waschen. Gut trocken tupfen und in feine Scheibchen hobeln. Das Öl in einem hohen Topf erhitzen. Es ist heiß genug, wenn sich an einem hineingetauchten Holzlöffel kleine Bläschen bilden. Die Scheibchen hineingeben und in ca. 30 Sek. goldgelb frittieren. Mit einer Schaumkelle herausheben und auf Küchenpapier entfetten. Mit Meersalz bestreuen.

3 Die Suppe pürieren und mit Salz, Pfeffer und Muskat abschmecken. Die Sahne halbsteif schlagen und unterziehen. Die Chips daraufgeben und die Suppe gleich servieren.

links: Kürbis-Orangen-Suppe | rechts: Topinambursuppe

neue deutsche Küche

Sauerkrautsuppe

1 kleine Zwiebel
400 g mehligkochende Kartoffeln
1 EL Butter
300 g Sauerkraut (frisch oder aus der Dose)
1 l Rinderbrühe (S. 6 oder Instant)
2 Wacholderbeeren
1 Gewürznelke
200 g Lachsforellenfilet
150 g Sahne
Salz | Pfeffer
1–2 Prisen Zucker
½ Bund Schnittlauch

Für 4 Personen | 40 Min. Zubereitung
Pro Portion ca. 305 kcal, 17 g EW, 18 g F, 18 g KH

1 Die Zwiebel schälen und fein hacken. Die Kartoffeln schälen und klein schneiden. Die Butter in einem Topf erhitzen, die Zwiebel darin glasig dünsten. Kartoffeln, Sauerkraut, Brühe und Gewürze hinzufügen. Alles einmal aufkochen und bei kleiner Hitze ca. 20 Min. kochen lassen.

2 Das Lachsforellenfilet kalt abspülen, trocken tupfen, entgräten und in feine Würfel schneiden. Zugedeckt kalt stellen.

3 Die Gewürze aus der Suppe nehmen. Die Suppe mit dem Pürierstab fein pürieren. Die Sahne halbsteif schlagen und unterziehen. Mit Salz, Pfeffer und Zucker abschmecken. Den Schnittlauch waschen, trocken schütteln und in feine Röllchen schneiden. Die Lachsforellenwürfelchen mit Salz und Pfeffer würzen und mit den Schnittlauchröllchen auf die heiße Suppe geben.

Klassiker von der Küste

Krabbensuppe

1 Bund Suppengrün
1 Zwiebel
1 EL Butter
4 EL Cognac (nach Belieben)
1 gehäufter EL Tomatenmark
⅛ l trockener Weißwein
800 ml Fischfond (aus dem Glas)
½ l Gemüsebrühe (S. 7 oder Instant)
½ Bund Dill | 100 g Sahne
25 g kalte Krebsbutter (ersatzweise kalte Butter)
Salz | Cayennepfeffer
1–2 Spritzer Zitronensaft
150 g Krabbenfleisch (aus dem Kühlregal)

Für 4 Personen | 45 Min. Zubereitung
Pro Portion ca. 225 kcal, 10 g EW, 16 g F, 7 g KH

1 Das Suppengrün putzen, waschen und in kleine Würfel bzw. dünne Ringe schneiden. Die Zwiebel schälen und würfeln. Die Butter in einem Topf erhitzen, das Suppengrün und die Zwiebel 2 Min. darin andünsten. Nach Belieben den Cognac dazugießen und einkochen lassen. Tomatenmark, Wein, Fond und Brühe hinzufügen. Alles einmal aufkochen und bei mittlerer Hitze 15 Min. kochen lassen.

2 Den Dill waschen und trocken schütteln, die Blättchen hacken. Die Suppe durch ein Sieb passieren, die Sahne unterrühren, wieder erhitzen. Die kalte Krebsbutter in kleine Würfel schneiden und mit dem Pürierstab untermixen. Mit Salz, Cayennepfeffer und Zitronensaft abschmecken. Die Suppe auf Teller verteilen, das Krabbenfleisch und den Dill daraufgeben.

oben: Sauerkrautsuppe | unten: Krabbensuppe

schön sämig

Bohnencremesuppe

350 g getrocknete kleine weiße Bohnen
2–3 Knoblauchzehen | 1 ¼ l Hühnerbrühe
ca. 50 g durchwachsener Räucherspeck | 1 Lorbeerblatt | 1 Fenchel-Teebeutel | 100 g Sahne
Salz | Pfeffer | 1 TL gemahlener Koriander
1–2 TL Zitronensaft | einige Salbeiblättchen

Für 4 Personen | 15 Min. Zubereitung
über Nacht Einweichen | 45 Min. Garen
Pro Portion ca. 190 kcal, 6 g EW, 10 g F, 18 g KH

1 Die Bohnen in kaltem Wasser einweichen, am nächsten Tag in ein Sieb abgießen. Knoblauch schälen. Brühe, Knoblauch, Speck, Lorbeerblatt und Teebeutel mit den Bohnen aufkochen. Bohnen bei kleiner Hitze in ca. 45 Min. weich kochen.

2 Die Suppe (ohne Speck, Tee und Lorbeer) pürieren und durch ein Sieb passieren. Sahne unterrühren, wieder erhitzen. Mit Salz, Pfeffer, Koriander und Zitronensaft abschmecken. Mit dem Pürierstab aufschäumen und mit Salbei bestreut servieren.

mildes Vorsüppchen

Maiscremesuppe

1 kleine Zwiebel | 1 Knoblauchzehe | 1 EL Butter | 2 Dosen Maiskörner (à 285 g Abtropfgewicht) | 600 ml Gemüsebrühe | 1 Lorbeerblatt
100 g Sahne | Salz | Pfeffer | 1 TL Öl | 4 Scheiben luftgetrockneter Schinken (z. B. Serrano)

Für 4 Personen | 25 Min. Zubereitung
Pro Portion ca. 590 kcal, 14 g EW, 17 g F, 93 g KH

1 Zwiebel und Knoblauch schälen, fein hacken und in der Butter glasig dünsten. Den Mais in ein Sieb abgießen, kalt abspülen und mit Brühe und Lorbeer dazugeben. Aufkochen und zugedeckt 10 Min. kochen lassen. 2 EL Maiskörner beiseitelegen. Die Suppe (ohne Lorbeer) pürieren und durch ein Sieb streichen. Sahne unterrühren, wieder erhitzen. Mit Salz und Pfeffer abschmecken.

2 Eine große Pfanne erhitzen und dünn mit Öl ausstreichen. Schinkenscheiben darin in ca. 30 Sek. knusprig braten. Suppe auf Teller verteilen, Maiskörner hineingeben, den Schinken daraufgeben.

herbstlich

Maronencremesuppe

1 Zwiebel | 50 g magerer Räucherspeck
2 EL Butter | 900 ml Wildfond (oder Hühnerbrühe) | 400 g Maronen (Vakuum) | 2 kleine Zweige Rosmarin | 2 Pimentkörner | 1 Lorbeerblatt | 100 g Sahne | Salz | Pfeffer | 2 TL Majoranblättchen

Für 4 Personen | 40 Min. Zubereitung
Pro Portion ca. 415 kcal, 6 g EW, 23 g F, 45 g KH

1 Die Zwiebel schälen. Zwiebel und Speck würfeln und in der Butter anschwitzen, den Fond angießen und aufkochen lassen. Maronen, Rosmarinzweige und Gewürze dazugeben. Bei kleiner Hitze ca. 20 Min. köcheln lassen, ab und zu umrühren.

2 Rosmarinzweige und Gewürze entfernen. Die Suppe pürieren und durch ein Sieb passieren. Die Sahne unterrühren, wieder erhitzen. Mit Salz und Pfeffer abschmecken. Die Suppe mit dem Pürierstab aufschäumen und mit den Majoranblättchen bestreut servieren.

ganz einfach | lässt sich gut vorbereiten

Kartoffel-Steinpilz-Creme

10 g getrocknete Steinpilze | 1 Bund Suppengrün | 500 g mehligkochende Kartoffeln
1 Zwiebel | 1–2 Knoblauchzehen | 2 EL Butter
1 l Gemüsebrühe | Salz | Pfeffer | Muskatnuss
100 g Crème fraîche

Für 4 Personen | 45 Min. Zubereitung
Pro Portion ca. 240 kcal, 5 g EW, 15 g F, 20 g KH

1 Die Pilze mit 150 ml kochendem Wasser übergießen und 10 Min. einweichen. Suppengrün und Kartoffeln putzen, schälen und in Stücke schneiden. Zwiebel und Knoblauch schälen und würfeln. Die Pilze herausnehmen, das Wasser durch einen Papier-Kaffeefilter gießen und auffangen.

2 Zwiebel und Knoblauch in der Butter glasig dünsten. Pilze, Kartoffeln, Suppengrün, Pilzwasser und Brühe hinzufügen, aufkochen und bei kleiner Hitze ca. 30 Min. köcheln lassen. Pürieren und mit Salz, Pfeffer und Muskat abschmecken. In Teller füllen und je 1 Klacks Crème fraîche daraufgeben.

gästefein | gut vorzubereiten

Räucherlachscreme

Diese aromatische Suppe lässt sich prima vorbereiten und ist daher ideal für Gäste. Wer sie noch feiner mag, streicht sie nach dem Pürieren noch durch ein grobes Sieb.

1 Zwiebel
1 große Fenchelknolle
1 EL Butter
2–3 EL Anislikör (z. B. Ricard; nach Belieben)
600 ml Fischfond (aus dem Glas)
1 Stück Bio-Zitronenschale (ca. 5 cm)
1 Stück Stremellachs (ca. 250 g; ersatzweise Räucherlachs)
150 g Crème fraîche
Pfeffer
1–2 Spritzer Zitronensaft

Für 4 Personen | 25 Min. Zubereitung
Pro Portion ca. 325 kcal, 14 g EW, 26 g F, 6 g KH

1 Die Zwiebel schälen und würfeln. Den Fenchel waschen, putzen und klein schneiden, das Grün beiseitelegen. Die Zwiebel in der Butter glasig dünsten, den Fenchel 2 Min. mitbraten. Nach Belieben mit Likör ablöschen, Fond und Zitronenschale dazugeben. Aufkochen und bei kleiner Hitze 10 Min. köcheln lassen.

2 Vom Lachs 100 g abnehmen, mit den Fingern etwas kleiner zupfen und zugedeckt kalt stellen. Restlichen Lachs mit den Händen zerpflücken und samt der Haut in die Suppe geben. 2 Min. darin ziehen lassen, dann Lachshaut und Zitronenschale entfernen. Die Suppe pürieren, Crème fraîche unterrühren. Mit Pfeffer und Zitronensaft abschmecken.

3 Kurz vor dem Servieren die heiße Suppe mit dem Pürierstab kräftig aufschäumen. Die Suppe in Teller füllen, etwas Fenchelgrün darüberstreuen und den beiseitegelegten Lachs hineingeben.

GRISSINI-TIPP

Selbst gebackene knusprige Grissini ergänzen das feine Süppchen aufs Beste: Für ca. 20 Grissini 150 g Mehl und 25 g Hartweizengrieß in eine Schüssel geben, in die Mitte eine Mulde drücken und 10 g frische Hefe hineinbröckeln. Mit ⅛ l lauwarmem Wasser und etwas Mehl vom Rand zu einem Vorteig verrühren. An einem warmen Ort zugedeckt 15 Min. gehen lassen. Dann 2 EL Olivenöl, ½ TL Salz und etwas Pfeffer zum gegangenen Vorteig geben. Zuerst mit den Knethaken des Handrührgeräts, dann mit den Händen zu einem elastischen Teig kneten. Den Teig 45 Min. oder bis zur doppelten Größe an einem warmen Ort gehen lassen.
Wenig Mehl auf die Arbeitsfläche geben und den Teig zu einem 1 cm dicken Rechteck ausrollen. Den Teig in 1 cm dünne Streifen schneiden und die Streifen zu langen, dünnen Rollen formen. Die Teigrollen in je 2 EL Mohn- und Sesamsaat wälzen. Die Rollen auf ein mit Backpapier ausgelegtes Backblech legen. Weitere 10 Min. gehen lassen. Den Backofen auf 200° (Umluft 180°) vorheizen. Die Rollen im heißen Ofen in ca. 15 Min. goldbraun und knusprig backen. Herausnehmen, abkühlen lassen und zur Räucherlachscreme servieren.

frühlingshaft

Kräutersamtsuppe

100 g Knollensellerie
1 Kartoffel (ca. 100 g)
1 dünne Stange Lauch | 1 Schalotte
2 EL Butter | 1 EL Mehl
100 ml trockener Weißwein
1 l Gemüsebrühe (S. 7 oder Instant)
ca. 125 g gemischte Frühlingskräuter (Petersilie, Kerbel, Sauerampfer, Estragon, Dill)
1 Eigelb | 100 g Sahne
Salz | Pfeffer

Für 4 Personen | 35 Min. Zubereitung
Pro Portion ca. 210 kcal, 3 g EW, 16 g F, 8 g KH

1 Sellerie und Kartoffel schälen und würfeln, Lauch putzen, waschen und in dünne Ringe schneiden. Schalotte schälen, würfeln und in der Butter glasig dünsten. Sellerie, Kartoffel und Lauch 1 Min. mitdünsten. Mehl darüberstäuben, mit Wein ablöschen, kurz einkochen lassen. Brühe dazugießen und unter Rühren aufkochen lassen. Bei kleiner Hitze 15 Min. kochen lassen.

2 Die Kräuter waschen und trocken schütteln, die Blättchen hacken und unterrühren. Die Suppe fein pürieren. Eigelb und Sahne verrühren. Die Suppe vom Herd nehmen. Die Eigelb-Sahne-Mischung mit 1 Suppenkelle voll Suppe verrühren und in die Suppe einrühren. Die Suppe behutsam wieder erhitzen (sie darf nun nicht mehr kochen!) und mit Salz und Pfeffer abschmecken.

TUNING-TIPP

Servieren Sie die Kräutersamtsuppe mit den Parmesancroûtons von S. 18.

beliebte Partysuppe | preiswert

Lauch-Käse-Suppe

600 g Lauch
2 EL Butter
1 gehäufter EL Mehl
100 ml trockener Weißwein
1 l Gemüsebrühe (S. 7 oder Instant)
1 Lorbeerblatt
125 g Emmentaler (oder Greyerzer)
1 Bund Petersilie
100 g Sahne
Salz | Pfeffer | Muskatnuss

Für 4 Personen | 25 Min. Zubereitung
Pro Portion ca. 300 kcal, 12 g EW, 22 g F, 7 g KH

1 Den Lauch putzen, waschen und in feine Ringe schneiden. Die Butter in einem Topf erhitzen, den Lauch darin 2–3 Min. unter Rühren andünsten. Mehl darüberstäuben, mit Wein ablöschen, kurz einkochen lassen. Brühe und Lorbeerblatt dazugeben und unter Rühren aufkochen lassen. Bei kleiner Hitze 5 Min. kochen lassen.

2 Den Käse grob reiben. Die Petersilie waschen, trocken schütteln, die Blättchen hacken. Das Lorbeerblatt aus der Suppe nehmen, 2 EL Lauch beiseitelegen. Käse und Sahne unterrühren und 5 Min. unter Rühren erhitzen, bis der Käse geschmolzen ist, dann die Petersilie dazugeben und die Suppe pürieren. Die Suppe mit Salz, Pfeffer und Muskatnuss abschmecken. In Teller füllen und mit dem beiseitegelegten Lauch garnieren.

MEHR LEUTE AM TISCH?

Die Zutatenmengen lassen sich ganz einfach verdoppeln oder verdreifachen.

oben: Lauch-Käse-Suppe | unten: Kräutersamtsuppe

International

Hier beginnt unsere kulinarische Reise: Ob in Asien oder am Mittelmeer, Suppen werden eben auf der ganzen Welt geliebt! Einige weltbekannte Spezialitäten und Klassiker finden Sie auf den nächsten Seiten. Eine meiner Lieblingssuppen ist die vietnamesische Rindfleischsuppe »Pho bo«, da sie so herrlich zitrusfrisch und kräuterwürzig schmeckt.

Vietnamesische Rindfleischsuppe

200 g Reisnudeln (schmale Bandnudeln)
250 g Pak Choi (Asialaden; ersatzweise Mangold oder Spinat)
5 Frühlingszwiebeln
1 rote Zwiebel
125 g Sojabohnensprossen
350 g Beefsteak (aus der Keule)
1 ½ l Rinderbrühe (S. 6 oder Rinderfond aus dem Glas)
1 Sternanis | 1 Zimtstange
je 4–6 Stängel Koriandergrün und Thai-Basilikum
2–3 EL Fischsauce (Asialaden; nach Belieben)
4 Bio-Limettenscheiben

Für 4 Personen | 20 Min. Zubereitung
Pro Portion ca. 380 kcal, 34 g EW, 7 g F, 42 g KH

1 Die Reisnudeln ca. 15 Min. in heißem Wasser einweichen, dann in ein Sieb abgießen und gründlich kalt abspülen. Inzwischen den Pak Choi und die Frühlingszwiebeln putzen, waschen und in schmale Streifen bzw. feine Röllchen schneiden. Die Zwiebel schälen und in ganz feine Ringe schneiden. Die Sprossen abspülen. Das Fleisch kalt abspülen, trocken tupfen und in ganz feine Streifen schneiden.

2 Die Brühe mit Sternanis und Zimtstange in einem Topf aufkochen und 5 Min. kochen lassen. Die Kräuter waschen, trocken schütteln, die Blättchen abzupfen. Nudeln, Fleisch, Pak Choi, Sprossen, Frühlingszwiebelröllchen und Zwiebelringe auf vier Teller verteilen. Gewürze aus der Brühe fischen, die Brühe nach Belieben mit Fischsauce abschmecken und kochend heiß in die Teller gießen. Kräuter und Limettenscheiben daraufgeben. Heiß servieren!

für Gäste

Französische Bourride mit Aioli

Auch ohne das Mittelmeer vor der Haustür zu haben, sorgen hier südfranzösische Aromen für Urlaubsfeeling. Wie wär's mit einem Gläschen Rosé dazu?

Für die Suppe
800 g feste Fischfilets (z. B. Seeteufel, Wolfsbarsch, Merlan, Seezunge)
400 g Kartoffeln | 3–4 Knoblauchzehen
1 Bio-Orange
2 EL Olivenöl
1/8 l trockener Weißwein
1/2 l Fischfond (aus dem Glas)
1/2 l Gemüsebrühe (S. 7 oder Instant)
1 TL Fenchelsamen | 2–3 Lorbeerblätter
Salz | Pfeffer
Für die Aioli
2 Eigelbe | 3–4 Knoblauchzehen
2–3 EL Zitronensaft | Salz
75 ml Olivenöl nativ extra
75 ml Sonnenblumenöl
Für das Röstbrot
8 Scheiben Baguette
2 EL Olivenöl

Für 4 Personen | 1 Std. Zubereitung
Pro Portion ca. 850 kcal, 38 g EW, 53 g F, 48 g KH

1 Für die Suppe die Fischfilets kalt abspülen, trocken tupfen, evtl. entgräten und in große Stücke schneiden. Die Kartoffeln schälen und in Spalten schneiden. Den Knoblauch schälen und in dünne Scheibchen schneiden. Die Orange heiß waschen, trocken tupfen, die Schale dünn schälen und fein hacken, den Saft auspressen.

2 In einem großen Topf das Öl erhitzen, die Kartoffeln darin 5 Min. unter Wenden andünsten. Knoblauch und Fischfilets darauflegen und bei kleiner Hitze 5 Min. zugedeckt dünsten. In einem zweiten Topf Wein, Fond und Brühe mit Orangenschale, Orangensaft, Fenchelsamen und Lorbeerblättern aufkochen. Vorsichtig zum Fisch gießen und alles in weiteren 10 Min. gar ziehen lassen.

3 Inzwischen für die Aioli die Eigelbe in eine Schüssel geben. Knoblauch schälen und dazupressen, Zitronensaft und 1 gute Prise Salz unterrühren. Die Öle zunächst tröpfchenweise, dann in dünnem Strahl mit einem Schneebesen unterrühren, sodass eine dicke Mayonnaise entsteht.

4 Fischfilets und Kartoffeln vorsichtig herausheben und zugedeckt warm halten. Die Brühe durch ein feines Sieb in einen Topf gießen. Die Hälfte der Aioli mit 1 Kelle Brühe verrühren und langsam unter Rühren in den Topf dazugießen. Unter Rühren vorsichtig erwärmen (nicht kochen lassen, sonst gerinnt die Suppe!). Mit dem Pürierstab aufschäumen, mit Salz und Pfeffer abschmecken.

5 Kurz vor dem Servieren den Backofengrill vorheizen. Die Baguettescheiben auf ein Backblech legen, mit wenig Olivenöl beträufeln und im Ofen (Mitte) goldbraun rösten. Je 2 Brote in einen Teller legen, mit Fischstücken und Kartoffeln belegen, die Brühe daraufschöpfen. Übrige Aioli daraufgeben und die Suppe gleich servieren.

leichtes Sommersüppchen | ganz einfach

Tomatensuppe

1 Zwiebel
1–2 Knoblauchzehen
1 Möhre
1 Stange Staudensellerie
1 kg vollreife Tomaten | 3 EL Olivenöl
4 gehäufte EL Tomatenmark
½ l Gemüsebrühe (S. 7 oder Instant)
Salz | Pfeffer | Zucker
½ Bund Basilikum

Für 4 Personen
20 Min. Zubereitung | 30 Min. Garen
Pro Portion ca. 135 kcal, 4 g EW, 8 g F, 10 g KH

1 Die Zwiebel und den Knoblauch schälen und fein würfeln. Die Möhre schälen und klein würfeln. Den Sellerie putzen, waschen und klein schneiden. Die Tomaten waschen, vierteln, von Stielansätzen befreien und grob hacken.

2 Das Öl in einem Topf erhitzen, Zwiebel und Knoblauch darin glasig dünsten. Möhre und Sellerie 2 Min. unter Rühren mitdünsten. Tomaten, Tomatenmark und Gemüsebrühe dazugeben. Alles einmal aufkochen und bei kleiner Hitze 30 Min. leise kochen lassen. Die Suppe durch eine Flotte Lotte (Passiermühle) oder ein grobes Sieb streichen, wieder erhitzen und mit Salz, Pfeffer und Zucker abschmecken. Das Basilikum waschen, trocken schütteln, die Blättchen etwas kleiner zupfen und darüberstreuen.

TUNING-TIPP

Reichern Sie die italienische Tomatensuppe mit den Ricottaklößchen von S. 9 an.

italienischer Klassiker

Minestrone

150 g kurze Nudeln (z. B. Makkaroni) | Salz
1 Dose weiße Bohnen (250 g Abtropfgewicht)
1 Zwiebel
1–2 Knoblauchzehen
100 g Pancetta (oder durchwachsener Speck)
2–3 Möhren
2 Stangen Staudensellerie
2–3 EL Olivenöl
1 ½ l Gemüsebrühe (S. 7 oder Instant)
2–3 Lorbeerblätter
2 TL getrockneter Thymian
1 Bund glatte Petersilie
abgeriebene Schale von ½ Bio-Zitrone
Pfeffer | 4 EL frisch geriebener Parmesan

Für 4 Personen | 50 Min. Zubereitung
Pro Portion ca. 490 kcal, 15 g EW, 27 g F, 43 g KH

1 Nudeln in kochendem Salzwasser bissfest kochen, abgießen und kalt abschrecken. Bohnen in einem Sieb kalt abspülen und abtropfen lassen. Zwiebel und Knoblauch schälen und fein würfeln. Pancetta in feine Streifen schneiden. Möhren und Sellerie putzen und in kleine Würfel schneiden.

2 Das Öl in einem Topf erhitzen. Pancetta, Zwiebel und Knoblauch darin 1–2 Min. anschwitzen. Möhren und Sellerie 1–2 Min. mitdünsten. Brühe, Lorbeer und Thymian dazugeben. Aufkochen und bei kleiner Hitze 15–20 Min. köcheln lassen. Bohnen und Nudeln dazugeben und kurz erhitzen. Petersilie waschen und trocken schütteln, die Blättchen hacken und mit der Zitronenschale unterrühren. Mit Salz und Pfeffer abschmecken, in Teller füllen und mit Parmesan bestreuen.

oben: Tomatensuppe | unten: Minestrone

aus Griechenland | zitrusfrisch

Zitronensuppe

1 l Hühnerbrühe | 100 g Langkornreis | 250 g grüner Spargel | 100 g TK-Erbsen | 2 Zitronen 3 Eier | Salz | Pfeffer | 4 dünne Scheiben Bio-Zitrone | 2 EL fein geschnittene Dillspitzen

Für 4 Personen | 20 Min. Zubereitung
Pro Portion ca. 230 kcal, 11 g EW, 6 g F, 32 g KH

1 Die Hühnerbrühe aufkochen. Den Reis darin in ca. 15 Min. bissfest kochen. Den Spargel putzen, das untere Drittel schälen und die Stangen in dünne Scheiben schneiden. Mit den Erbsen 5 Min. vor Ende der Garzeit zum Reis in die Suppe geben. Die Zitronen auspressen, die Eier trennen. Die Eiweiße halbsteif schlagen. Zuerst die Eigelbe, dann den Zitronensaft unter den Eischnee rühren.

2 Die Eiermischung mit 1 großen Kelle voll Brühe verrühren, in den Topf dazugeben und unter Rühren erhitzen (nicht mehr kochen lassen!), bis die Suppe bindet. Salzen, pfeffern und in Teller füllen. Mit Zitronenscheiben und Dill garnieren.

aus Italien | würziges Vorsüppchen

Parmesansuppe

200 g Parmesan | 1 Zwiebel | 2 EL Olivenöl 2 EL Mehl | 600 ml Hühner- oder Gemüsebrühe 4 Scheiben Ciabatta-Brot | 4 EL Basilikumpesto (aus dem Glas) | 200 g Sahne | Pfeffer

Für 4 Personen | 20 Min. Zubereitung
Pro Portion ca. 560 kcal, 24 g EW, 41 g F, 21 g KH

1 Den Parmesan reiben. Die Zwiebel schälen und fein würfeln. Das Öl in einem Topf erhitzen. Die Zwiebelwürfel darin glasig dünsten. Das Mehl unterrühren. Mit etwas Brühe ablöschen, dabei rühren, dann die restliche Brühe und den Parmesan dazugeben. Einmal aufkochen und bei kleiner Hitze 10 Min. kochen lassen.

2 Inzwischen die Brotscheiben im Toaster rösten und mit dem Pesto bestreichen. Die Sahne zur Suppe geben und erhitzen. Die Suppe schaumig pürieren und mit Pfeffer abschmecken. Mit dem Pesto-Röstbrot servieren.

aus Spanien | erfrischt eiskalt

Grüne Gazpacho

3 grüne Paprikaschoten | 5 EL Olivenöl
100 g Weißbrot | 4 EL Zitronensaft | 2 Salatgurken | 1 kleine grüne Chilischote | 1 Zwiebel
1–2 Knoblauchzehen | Salz | Pfeffer

Für 4 Personen
40 Min. Zubereitung | 1 Std. Kühlen
Pro Portion ca. 235 kcal, 5 g EW, 14 g F, 22 g KH

1 Backofen auf 160° vorheizen. Paprika waschen, halbieren, entkernen und mit der Schnittseite nach unten auf ein leicht geöltes Backblech legen. Im Ofen (Mitte, Umluft 140°) 20–25 Min. schmoren. Etwas abkühlen lassen, häuten und klein schneiden.

2 Brot entrinden, mit Zitronensaft und 4 EL Wasser beträufeln. Gurken schälen, entkernen und würfeln. Chili entkernen und hacken. Zwiebel und Knoblauch schälen und hacken. Alle vorbereiteten Zutaten mit dem übrigem Öl pürieren, nach und nach 100–200 ml kaltes Wasser zugeben. Mit Salz und Pfeffer würzen, mind. 1 Std. kalt stellen.

französische Bistroküche

Zwiebelsuppe

800 g Zwiebeln | 40 g Butter | 2 EL Sonnenblumenöl | 2 EL Mehl | 100 ml Weißwein | 1 l Rinderbrühe | 1 Lorbeerblatt | 1–2 TL Thymianblättchen | Salz | Cayennepfeffer | Muskatnuss
8 Scheiben Baguette | 150 g Ziegenkäserolle

Für 4 Personen | 40 Min. Zubereitung
Pro Portion ca. 435 kcal, 19 g EW, 22 g F, 36 g KH

1 Die Zwiebeln schälen und in dünne Spalten schneiden. Butter und Öl in einem Topf erhitzen. Zwiebeln darin bei kleiner Hitze 10 Min. dünsten. Mehl darüberstäuben, unterrühren, mit Wein ablöschen. Brühe, Lorbeerblatt und Thymian dazugeben und aufkochen lassen. Die Suppe mit Salz, Cayennepfeffer und Muskat kräftig abschmecken.

2 Backofengrill vorheizen. Baguette im Ofen (Mitte) goldbraun rösten. Käse in Scheiben schneiden. Die Suppe auf 4 hitzefeste Schälchen verteilen, Baguette- und Käsescheiben darauflegen. Im heißen Ofen 2 Min. übergrillen.

ganz einfach | vegetarisch

Indische Mung-Dal-Suppe

150 g rote Linsen
1 Zwiebel | 1–2 Knoblauchzehen
1 Stück frischer Ingwer (ca. 4 cm)
2 Tomaten | 2 EL Öl
1 TL Kreuzkümmelsamen
1 TL schwarze Senfkörner
1 TL Kurkuma | 2 EL Kokosraspel
1 l Gemüsebrühe (S. 7 oder Instant)
Salz | ½ Bund Koriandergrün
Cayennepfeffer
1–2 Spritzer Zitronensaft

Für 4 Personen
20 Min. Zubereitung | 40 Min. Garen
Pro Portion ca. 200 kcal, 10 g EW, 9 g F, 18 g KH

1 Die Linsen in ein Sieb geben, gründlich abspülen und abtropfen lassen. Zwiebel, Knoblauch und Ingwer schälen und fein hacken. Die Tomaten von Stielansätzen befreien, überbrühen, häuten, entkernen und klein hacken.

2 Das Öl in einem Topf erhitzen, Zwiebel darin 2 Min. andünsten. Knoblauch, Ingwer, Kreuzkümmel, Senfkörner, Kurkuma und Kokosraspel dazugeben und unter Rühren 1 Min. mitbraten. Brühe dazugießen, Linsen, Tomaten und ½ TL Salz dazugeben. Aufkochen und bei kleiner Hitze 30–40 Min. leise kochen lassen, bis die Linsen zerfallen sind und die Suppe schön sämig ist.

3 Den Koriander waschen und trocken schütteln, die Blättchen grob hacken. Die Suppe mit Salz, Cayennepfeffer und Zitronensaft abschmecken und mit Koriander bestreuen.

Asia-Klassiker

Glasnudelsuppe

100 g Glasnudeln
150 g Zuckerschoten
150 g Champignons
1 Stück frischer Ingwer (ca. 4 cm)
2 Hähnchenbrustfilets (ca. 300 g)
1 ½ l Hühnerbrühe (S. 7 oder Instant)
ca. 4 EL Zitronensaft
4–6 EL Sojasauce
Pfeffer

Für 4 Personen | 30 Min. Zubereitung
Pro Portion ca. 250 kcal, 21 g EW, 4 g F, 30 g KH

1 Die Glasnudeln in eine Schüssel geben, mit kochend heißem Wasser übergießen und 10 Min. quellen lassen. Dann in ein Sieb abgießen und abtropfen lassen. Die Zuckerschoten waschen und putzen. Die Champignons putzen, abreiben und in Scheiben schneiden. Den Ingwer schälen und fein hacken. Die Hähnchenbrustfilets kalt abspülen und trocken tupfen.

2 Die Hühnerbrühe mit Ingwer, Zitronensaft und 4 EL Sojasauce in einem Topf aufkochen. Die Hähnchenbrustfilets darin 8 Min. bei mittlerer Hitze garen, dann herausnehmen und etwas abkühlen lassen. Zuckerschoten und Champignons in die Brühe geben und darin 2 Min. kochen lassen.

3 Die Hähnchenbrustfilets in kleine Stücke zupfen. Mit den Glasnudeln wieder zur Suppe geben. Die Suppe noch einmal aufkochen und mit Sojasauce und Pfeffer abschmecken.

links: Glasnudelsuppe | rechts: Indische Mung-Dal-Suppe

aromatisch | gästefein

Thai-Kokos-Suppe mit Garnelen und Wan Tans

Der Asia-Klassiker erhält Verstärkung in Form köstlicher kleiner Nudeltaschen – und hat damit das Zeug zur Lieblingssuppe.

Für die Teigtaschen (Wan Tans)
2 Frühlingszwiebeln
1 Stück frischer Ingwer (ca. 2 cm)
1 Knoblauchzehe
1 Hähnchenbrustfilet (ca. 150 g)
1 EL Sojasauce | Pfeffer | Salz
16 Wan-Tan-Teigblätter (Asialaden; TK, aufgetaut)

Für die Suppe
3 Stängel Zitronengras
1 Stück frischer Ingwer (ca. 5 cm)
1 kleine rote Chilischote
4 Kaffir-Limettenblätter (Asialaden)
8 rohe geschälte Riesengarnelen
4–5 EL Fischsauce (Asialaden)
3–4 EL Limettensaft
600 ml Hühnerbrühe (S. 7 oder Instant)
1 Dose ungesüßte Kokosmilch (400 ml)
1–2 TL rote Currypaste (Glas oder Päckchen)
150 g Champignons | 3 Frühlingszwiebeln
1 Bund Koriandergrün

Für 4 Personen | 1 Std. Zubereitung
Pro Portion ca. 235 kcal, 22 g EW, 3 g F, 30 g KH

1 Für die Teigtaschen die Frühlingszwiebeln putzen, waschen und in grobe Röllchen schneiden. Ingwer und Knoblauch schälen und hacken. Das Hähnchenbrustfilet kalt abspülen, trocken tupfen und in Würfel schneiden. Mit Frühlingszwiebeln, Knoblauch, Ingwer und Sojasauce im Blitzhacker nicht zu fein pürieren. Mit Pfeffer und evtl. wenig Salz würzen. Die Teigblätter auf der Arbeitsfläche auslegen, die Ränder leicht mit Wasser bestreichen. Je 1 TL Füllung in die Mitte setzen (Bild 1) und die Teigränder über der Füllung zusammendrücken (Bild 2). Zugedeckt kalt stellen.

2 Für die Suppe vom Zitronengras die äußeren Hüllblätter entfernen und nur das untere Drittel in feine Röllchen schneiden. Den Ingwer schälen und in dünne Scheiben schneiden. Die Chili längs aufschlitzen, entkernen und waschen. Die Limettenblätter waschen und in sehr feine Streifen schneiden. Die Garnelen am Rücken längs einschneiden, vom Darmfaden befreien, kalt abspülen und trocken tupfen. Mit 3 EL Fischsauce und 1 EL Limettensaft beträufeln.

3 In einem Topf Brühe und Kokosmilch mit Zitronengras, Ingwer, Chili, Limettenblättern und Currypaste aufkochen und 5 Min. kochen lassen. Pilze putzen und in Scheibchen schneiden. Frühlingszwiebeln putzen, waschen und in Röllchen schneiden. Mit den Pilzen zur Suppe geben, 5 Min. leise köcheln lassen. Garnelen und Wan Tans hinzufügen und bei kleiner Hitze in 4 Min. gar ziehen lassen. Suppe mit Limettensaft und Fischsauce abschmecken. Den Koriander waschen und trocken schütteln, die Blättchen auf die Suppe streuen.

1

2

3

Zum Sattessen

Suppe satt lautet die Devise! Und wird künftig auch bei denjenigen Essern Begeisterung hervorrufen, die bei Eintopf bisher an lieblose Restesuppen dachten. Für mich als Schwäbin geht natürlich nichts über einen herzhaften Gaisburger Marsch!

Gaisburger Marsch

500 g festkochende Kartoffeln
1 dünne Stange Lauch
2 dünne Möhren
1 ½ l Rinderbrühe mit Suppenfleisch
(s. Rezept S. 6)
200 g Spätzle (Packung)
2 kleine Zwiebeln
2 EL Butter
1 Bund Schnittlauch
Salz
Pfeffer
Muskatnuss

Für 4 Personen | 40 Min. Zubereitung
Pro Portion ca. 465 kcal, 16 g EW, 11 g F, 54 g KH

1 Die Kartoffeln schälen und in Würfel schneiden. Den Lauch putzen, waschen und in Ringe schneiden. Die Möhren schälen und in Scheiben schneiden. Die Brühe (ohne Fleisch) aufkochen und die Kartoffeln darin bei mittlerer Hitze 10 Min. kochen lassen. Lauch und Möhren dazugeben und alles weitere 5 Min. kochen lassen.

2 Inzwischen die Spätzle in kochendem Salzwasser nach Packungsanweisung garen, abgießen und kalt abschrecken. Die Zwiebeln schälen, in feine Ringe schneiden und in der Butter bei kleiner Hitze ca. 5 Min. bräunen. Den Schnittlauch waschen, trocken schütteln und in Röllchen schneiden.

3 Das Suppenfleisch in Würfel schneiden und mit den Spätzle in der Suppe erhitzen. Die Suppe mit Salz, Pfeffer und Muskatnuss abschmecken. Zwiebeln und Schnittlauch daraufgeben.

VARIANTE MIT SPITZKOHL

Auch sehr fein: Geben Sie statt der Lauchringe 200 g in feine Streifen geschnittenen Spitzkohl zum Eintopf.

wärmt von innen | preiswert

Linsen-Kürbis-Eintopf

Dieser herbstliche Eintopf schmeckt am besten nach einem ausgedehnten Spaziergang. Für eine große Runde können Sie die Zutaten einfach verdoppeln.

50 g durchwachsener Räucherspeck
1 Zwiebel
1–2 Knoblauchzehen
1–2 EL Öl
250 g kleine grüne Linsen (Puy-Linsen)
1 l Gemüsebrühe (S. 7 oder Instant)
1–2 Lorbeerblätter
600 g Hokkaido-Kürbis
250 g Möhren
2 Orangen
2–3 Frühlingszwiebeln
Salz
Cayennepfeffer

Für 4 Personen | 30 Min. Zubereitung
Pro Portion ca. 375 kcal, 19 g EW, 14 g F, 40 g KH

1 Den Speck fein würfeln. Die Zwiebel und den Knoblauch schälen und ebenfalls fein würfeln. Das Öl in einem Topf erhitzen. Speck-, Zwiebel- und Knoblauchwürfel darin 1–2 Min. anbraten. Linsen, Gemüsebrühe und Lorbeer dazugeben. Alles einmal aufkochen und im geschlossenen Topf ca. 20 Min. bei kleiner Hitze kochen lassen.

2 Inzwischen den Kürbis waschen und halbieren, die Kerne und das weiche Innere entfernen. Den Kürbis mitsamt der Schale in 2–3 cm große Würfel schneiden. Die Möhren schälen und in schmale Scheiben schneiden. Die Orangen mit einem scharfen Messer schälen, dabei die weiße Haut vollständig entfernen. Die Filets zwischen den Trennwänden herauslösen, den Saft auffangen. Die Frühlingszwiebeln putzen, waschen und in feine Röllchen schneiden.

3 Kürbiswürfel und Möhrenscheiben 5 Min. vor Ende der Garzeit zu den Linsen geben. Im geschlossenen Topf weiterkochen lassen. Orangenfilets mitsamt Saft unter den Eintopf mischen und darin kurz erwärmen. Den Eintopf mit Salz und Cayennepfeffer kräftig abschmecken. Die Frühlingszwiebelröllchen darüberstreuen.

GUT ZU WISSEN

Die kleinen grünen Puy-Linsen aus Frankreich bleiben beim Kochen schön in Form und sind schnell gar. Der Eintopf schmeckt aber auch hervorragend mit den »gewöhnlichen« braunen Tellerlinsen. Werden diese vorher 6–8 Std. in kaltem Wasser eingeweicht, verlängert sich die Garzeit um ca. 20 Min. Ohne Einweichen benötigen die braunen Linsen 50 Min.–1 Std.

TAUSCH-TIPP

Statt mit Kürbis können Sie den Eintopf auch mit Süßkartoffeln (Bataten) oder Steckrüben zubereiten. Die Garzeit erhöht sich dann um knapp 5 Min.

deutscher Klassiker

Ochsenschwanzsuppe

Es ist höchste Zeit für die Wiederbelebung dieses deutschen Klassikers, der sich auch bei der Zubereitung recht viel Zeit nimmt …

1 ½ kg Ochsenschwanz (beim Metzger vorbestellen und in den Gelenken durchschneiden lassen)
1 Bund Suppengrün
2 Zwiebeln
1–2 Knoblauchzehen
3 EL Öl
Salz
Pfeffer
1 gehäufter EL Tomatenmark
4 EL Mehl
300 ml kräftiger Rotwein
je 2 kleine Zweige frischer Thymian und Rosmarin
2 EL Butter
2–3 EL roter Portwein oder Madeira

Für 4 Personen
1 Std. Zubereitung | 3 Std. Garen
Pro Portion ca. 870 kcal, 78 g EW, 55 g F, 13 g KH

1 Die Ochsenschwanzstücke kalt abspülen und trocken tupfen. Das Suppengrün waschen, putzen und grob würfeln. Die Zwiebeln schälen und würfeln, den Knoblauch schälen.

2 Das Öl in einem großen Topf oder Bräter erhitzen, die Ochsenschwanzstücke darin bei mittlerer Hitze in ca. 10 Min. rundherum kräftig anbraten, dann mit Salz und Pfeffer würzen. Gemüsewürfel, Zwiebelwürfel und Knoblauch dazugeben und 5 Min. mitbraten. Das Tomatenmark hinzufügen und kurz mitrösten. 2 EL Mehl dazugeben und ebenfalls kurz anrösten. Mit 150 ml Rotwein ablöschen (Bild 1), einkochen lassen, dabei ständig rühren. Mit dem restlichen Rotwein ablöschen und wieder einkochen lassen.

3 2 l kaltes Wasser dazugießen. Kräuterzweige waschen und mit ½ TL Salz hinzufügen. Alles einmal aufkochen und bei kleiner Hitze im geschlossenen Topf 3 Std. sanft kochen lassen. Die Ochsenschwanzstücke herausheben und die Brühe durch ein Sieb passieren.

4 Die Butter in einem Topf erhitzen, das restliche Mehl darin hellbraun anschwitzen. Die Brühe mit Wasser auf 1 ¼ l Flüssigkeit auffüllen. Unter Rühren zugießen, aufkochen und 10 Min. offen kochen lassen. Das Fleisch vom Knochen schneiden (Bild 2), klein würfeln und dazugeben. Die Suppe mit Portwein oder Madeira, Salz und Pfeffer abschmecken.

BACKOFEN-TIPP

Sobald alle Zutaten im Topf sind, können Sie die Suppe auch im Backofen bei 180° (Umluft 160°) 3 Std. garen.

1

2

3

Norddeutscher Klassiker auf neue Art

Birnen, Bohnen, Speck

750 g kleine festkochende Kartoffeln
100 g durchwachsener Räucherspeck
1 ½ EL Butterschmalz
1 ¼ l Gemüsebrühe (S. 7 oder Instant)
3 kleine feste Birnen
500 g grüne Bohnen | Salz
2 kleine Entenbrustfilets
Pfeffer | 1 Bund Bohnenkraut
½ Bund glatte Petersilie

Für 4 Personen | 40 Min. Zubereitung
Pro Portion ca. 760 kcal, 23 g EW, 54 g F, 40 g KH

1 Kartoffeln schälen und in Spalten schneiden. Speck in Streifen schneiden und in 1 EL Butterschmalz knusprig anbraten. Kartoffeln und Brühe dazugeben. Aufkochen und bei kleiner Hitze zugedeckt 10 Min. kochen lassen. Birnen schälen, vierteln, entkernen, in Spalten schneiden und dazugeben. Weitere 10 Min. kochen lassen.

2 Bohnen putzen und in kochendem Salzwasser in 5–7 Min. bissfest kochen, abgießen und kalt abschrecken. Die Fettseite der Entenbrustfilets einschneiden, die Filets salzen und pfeffern. Im restlichen Butterschmalz in einer Pfanne bei mittlerer Hitze 3 Min. auf der Fettseite anbraten, dann wenden und bei kleiner Hitze in 12–15 Min. fertig braten. In Alufolie gewickelt 10 Min. ruhen lassen.

3 Bohnenkraut und Petersilie waschen, trocken schütteln, die Blättchen hacken. Bohnen mit den Kräutern zum Eintopf geben und darin erhitzen. Mit Salz und Pfeffer abschmecken. Entenbrust in Scheiben schneiden und auf dem Eintopf anrichten.

deftig | preiswert

Wirsing-Graupen-Eintopf

ca. 400 g geräuchertes Kasseler (Nacken oder Kotelett)
1–2 Lorbeerblätter
2 Gewürznelken
125 g Gerstengraupen
300 g Wirsing
500 g Kartoffeln
150 g Knollensellerie
1 Zwiebel
2 Bund gemischte Kräuter (z. B. Petersilie, Schnittlauch, Brunnenkresse, Kerbel)
Salz | Pfeffer

Für 4 Personen | 50 Min. Zubereitung
Pro Portion ca. 345 kcal, 28 g EW, 8 g F, 40 g KH

1 2 l Wasser mit dem Fleisch, Lorbeer und Nelken in einem Topf aufkochen. Die Graupen hinzufügen und alles 30 Min. kochen lassen.

2 Inzwischen den Wirsing putzen und waschen, die dicken Rippen herausschneiden und die Blätter in kleine Streifen schneiden. Kartoffeln, Sellerie und Zwiebel schälen und in kleine Würfel schneiden. Das Gemüse und die Zwiebel in den Topf dazugeben und alles weitere 10–15 Min. sanft kochen lassen, bis das Gemüse gar ist.

3 Die Kräuter waschen und trocken schütteln, die Blättchen hacken. Das Fleisch aus der Suppe heben und in kleine Stücke schneiden, dann zurück in die Suppe geben. Die Suppe mit Salz und Pfeffer abschmecken. Mit den Kräutern bestreuen.

oben: Birnen, Bohnen, Speck | unten: Wirsing-Graupen-Eintopf

Mittelmeer-aromatisch

Meeresfrüchte-Gemüse-Eintopf

So ein leichtes Essen mit südlichen Aromen schmeckt am besten in netter Runde auf dem Balkon oder der Terrasse.

250 g kleine Tintenfische (Kalmare)
250 g rohe geschälte Riesengarnelen
500 g Venusmuscheln (oder Miesmuscheln)
2 Schalotten
2–3 Knoblauchzehen
5 Tomaten
1 große Fenchelknolle
2 Stangen Staudensellerie
3 EL Olivenöl
1/8 l trockener Weißwein
800 ml Fischfond (aus dem Glas)
2–3 Zweige frischer Thymian
2 Lorbeerblätter
je 100 g milde grüne und schwarze Oliven
Salz | Cayennepfeffer

Für 4 Personen | 50 Min. Zubereitung
Pro Portion ca. 305 kcal, 28 g EW, 16 g F, 10 g KH

1 Die Tintenfische putzen (siehe Tipp), gründlich waschen, trocken tupfen und die Tuben in Ringe schneiden. Die Garnelen vom Darmfaden befreien, kalt abspülen und trocken tupfen. Die Muscheln unter fließendem Wasser gründlich abspülen, alle geöffneten Muscheln wegwerfen.

2 Schalotten und Knoblauch schälen und in dünne Scheiben schneiden. Die Stielansätze der Tomaten herausschneiden, Tomaten mit kochendem Wasser überbrühen, häuten, vierteln und entkernen. Fenchel und Sellerie putzen, waschen und in größere Stücke schneiden.

3 Das Öl in einem großen Topf erhitzen. Tintenfische und Garnelen darin 1–2 Min. unter Rühren kräftig anbraten, herausnehmen. Die Muscheln in den Topf geben, mit Wein ablöschen, Fond dazugießen und aufkochen lassen. Thymian waschen und mit dem Lorbeer dazugeben. Zugedeckt 5 Min. garen, dann die Muscheln mit einer Schaumkelle herausheben. Geschlossene Muscheln wegwerfen.

4 Schalotten, Knoblauch, Fenchel, Sellerie, Tomaten, Oliven und 1/2 l Wasser in den Sud geben. Aufkochen und 5 Min. kochen lassen. Tintenfische, Garnelen und Muscheln wieder hinzufügen und erhitzen. Den Eintopf mit Salz und Cayennepfeffer kräftig abschmecken.

GUT ZU WISSEN: TINTENFISCHE PUTZEN

Dazu ziehen Sie den Kopf mit den Fangarmen sowie die Innereien aus der Tube (Körperbeutel), dann ziehen Sie das durchsichtige dünne Kalkblatt heraus. Die beiden Schwimmflossen und die rosafarbene Haut können jetzt ganz einfach abgelöst werden. Die Fangarme werden so vom Kopf abgetrennt, dass sie noch zusammenhängen.

UND DAZU?

Machen Sie's wie die Südländer und reichen Sie dazu nur gutes, frisches Weißbrot.

schlicht köstlich | preiswert

Rote-Bete-Eintopf

400 g Rote Bete
300 g Kartoffeln
250 g Möhren
250 g Weißkohl
1 Zwiebel
1–2 Knoblauchzehen
1–2 EL Öl
2 Lorbeerblätter | 3 Pimentkörner
1 ¼ l Gemüsebrühe (S. 7 oder Instant)
Salz | Pfeffer
100 g milder Feta-Schafkäse
1 Kästchen Kresse

Für 4 Personen
20 Min. Zubereitung | 35 Min. Garen
Pro Portion ca. 215 kcal, 9 g EW, 9 g F, 21 g KH

1 Rote Bete, Kartoffeln und Möhren schälen und in große Stücke schneiden. Den Weißkohl putzen, die breiten Mittelrippen herausschneiden, die Kohlblätter in kleine Stücke schneiden. Zwiebel und Knoblauch schälen und fein würfeln. Das Öl in einem Topf erhitzen, Zwiebel und Knoblauch darin glasig dünsten.

2 Rote Bete, Lorbeerblätter und Pimentkörner dazugeben, die Brühe dazugießen. Aufkochen und bei mittlerer Hitze 15 Min. kochen lassen. Kartoffeln, Möhren und Kohl dazugeben und alles weitere ca. 20 Min. kochen lassen.

3 Den Eintopf mit Salz und Pfeffer abschmecken. Den Feta-Käse zerbröckeln und daraufgeben. Die Kresse mit einer Schere vom Beet schneiden und darüberstreuen.

ganz einfach | vegetarisch

Wurzelgemüse-Eintopf

400 g Kartoffeln
300 g Möhren
300 g Petersilienwurzeln
1 große Pastinake
1 Zwiebel
1–2 Knoblauchzehen
2 EL Öl
ca. 1 ½ l Gemüsebrühe (S. 7 oder Instant)
1–2 Lorbeerblätter
je 2–3 Zweige Thymian und Majoran (oder je 1 TL getrocknete Kräuter)
3 EL Sonnenblumenkerne
Salz | Pfeffer
Muskatnuss
1 Bund Schnittlauch

Für 4 Personen | 40 Min. Zubereitung
Pro Portion ca. 220 kcal, 7 g EW, 9 g F, 24 g KH

1 Kartoffeln, Möhren, Petersilienwurzeln und Pastinake schälen und in grobe Stücke schneiden. Zwiebel und Knoblauch schälen, würfeln und in dem Öl glasig dünsten. Das Gemüse dazugeben, kurz mitdünsten, dann mit Brühe auffüllen. Lorbeer, Thymian und Majoran dazugeben. Aufkochen und bei kleiner Hitze 15–20 Min. kochen lassen.

2 Die Sonnenblumenkerne in einer Pfanne ohne Fett hellbraun rösten. Lorbeer und Kräuterzweige aus der Suppe entfernen. 2 Schöpfkellen Suppe herausnehmen und pürieren, wieder dazugeben. Evtl. noch etwas Brühe hinzufügen. Mit Salz, Pfeffer und Muskat abschmecken. Den Schnittlauch waschen, trocknen und in Röllchen schneiden. Mit den Sonnenblumenkernen auf die Suppe streuen.

links: Rote-Bete-Eintopf | rechts: Wurzelgemüse-Eintopf

herzhaft | sättigend

Spanischer Bohneneintopf mit Chorizo

Dieser südländische Eintopf erhält sein typisches Aroma durch die spanischen Paprikawürste, die Sie im gut sortierten Supermarkt bekommen.

400 g getrocknete weiße Riesenbohnen
1 Lorbeerblatt
100 g durchwachsener Räucherspeck
1 Zwiebel
2–3 Knoblauchzehen
2 Möhren
2 Stangen Staudensellerie
1 grüne Paprikaschote
3 EL Olivenöl
200 g Chorizo (scharfe Paprikawurst; ersatzweise Kabanossi)
Salz
Pfeffer
1–2 TL scharfes Paprikapulver
1–2 kleine frische Zweige Rosmarin

Für 4 Personen | 25 Min. Zubereitung
über Nacht Einweichen | 1 Std. 20 Min. Garen
Pro Portion ca. 750 kcal, 38 g EW, 45 g F, 46 g KH

1 Am Vorabend die Bohnen in kaltem Wasser einweichen. Am nächsten Tag die Bohnen in ein Sieb abgießen und mit 1 l Wasser und dem Lorbeerblatt in einen Topf geben. Einmal aufkochen lassen und bei kleiner Hitze in ca. 1 Std. weich kochen.

2 Das Lorbeerblatt entfernen. Die Hälfte der Bohnen mit einer Schaumkelle herausheben und beiseitelegen, die restlichen Bohnen im Topf mitsamt der Kochflüssigkeit pürieren. Durch ein Sieb in einen zweiten Topf passieren.

3 Den Speck in feine Streifen schneiden. Die Zwiebel schälen und in Streifen schneiden. Den Knoblauch schälen und fein würfeln. Die Möhren schälen und in Scheiben schneiden. Den Staudensellerie putzen, waschen und ebenfalls in Scheiben schneiden. Die Paprika waschen, putzen und in schmale Streifen schneiden.

4 2 EL Öl in einem großen Topf erhitzen, die Speckstreifen darin knusprig anbraten. Zwiebel, Knoblauch, Möhren, Staudensellerie und Paprika hinzufügen und 2 Min. mitbraten. Die pürierten Bohnen, die ganzen Bohnen und ½ TL Salz hinzufügen. Alles einmal aufkochen und bei kleiner Hitze ca. 20 Min. sanft kochen lassen, dabei gelegentlich umrühren.

5 Die Chorizo in Scheiben schneiden und im restlichen Öl von beiden Seiten kurz anbraten. Den Eintopf mit Salz, Pfeffer und Paprikapulver abschmecken. Die Wurstscheiben mitsamt dem Bratfett zum Eintopf geben. Den Rosmarin waschen und trocknen, die Nadeln hacken und darüberstreuen.

TAUSCH-TIPP

Dieser Eintopf schmeckt auch mit Kichererbsen statt Bohnen ganz wunderbar.

SPEED-TIPP

Wenn's mal schnell gehen muss, greifen Sie zu 750 g Riesenbohnen aus der Dose. Das Einweichen und Kochen der Bohnen (Step 1) entfällt dann.

heizt ein

Süßkartoffel-Rindfleisch-Eintopf

Auch ohne stundenlanges Vor-sich-hin-Köcheln schmeckt dieser Eintopf wunderbar aromatisch. Dafür sorgen Ingwer, Knoblauch, Chili, Fenchelsaat und Kreuzkümmel.

1 Zwiebel
2–3 Knoblauchzehen
1 Stück frischer Ingwer (ca. 5 cm)
je 1 TL Fenchel- und Kreuzkümmelsamen
½–1 TL Chiliflocken
500 g Süßkartoffeln
350 g Blumenkohl
350 g Rindfleisch (Rumpsteak)
2–3 EL Öl
Salz
1 Dose ungesüßte Kokosmilch (400 ml)
400 ml Rinder- oder Gemüsebrühe (S. 6 und 7 oder Instant)
½ Bund glatte Petersilie
2–3 TL Sojasauce

Für 4 Personen | 30 Min. Zubereitung
Pro Portion ca. 335 kcal, 24 g EW, 13 g F, 30 g KH

1 Für die Gewürzpaste Zwiebel, Knoblauch und Ingwer schälen und grob würfeln. Mit Fenchelsamen, Kreuzkümmelsamen und Chiliflocken im Blitzhacker fein pürieren.

2 Die Süßkartoffeln schälen und in große Würfel schneiden. Den Blumenkohl putzen, in kleine Röschen teilen und waschen. Das Rindfleisch trocken tupfen und in Streifen schneiden. Das Öl in einem Topf erhitzen. Das Fleisch darin in 2 Min. rundherum kräftig anbraten, salzen, herausnehmen und zugedeckt beiseitestellen. Die Gewürzpaste in den Topf geben und unter Rühren 1 Min. anbraten.

3 Kokosmilch, Brühe, Süßkartoffeln und Blumenkohl hinzufügen. Alles einmal aufkochen und 8–10 Min. bei kleiner Hitze köcheln lassen, bis das Gemüse gar, aber noch nicht zu weich ist.

4 Die Petersilie waschen und trocken schütteln, die Blättchen abzupfen. Das Rindfleisch zum Eintopf geben. Mit Sojasauce abschmecken. Petersilienblättchen darüberstreuen.

VORRATS-TIPP

Die Gewürzpaste können Sie auch in größeren Mengen zubereiten. In ein Schraubglas gefüllt und im Kühlschrank aufbewahrt, hält sich die aromatische Paste mind. 5 Tage. Oder Sie streichen die Paste auf einen Bogen Pergament- oder Backpapier und frieren sie ein. So können Sie sie ganz einfach portionsweise entnehmen – jedes Mal so viel, wie Sie benötigen.

TAUSCH-TIPPS

Diesen Eintopf können Sie auch mit Lammfleisch (aus der Keule) zubereiten. Vegetarier lassen das Fleisch ganz weg und verwenden Gemüsebrühe – auch ohne Fleisch steckt dieser Eintopf voller würziger Aromen.

Zum Gebrauch
Damit Sie Rezepte mit bestimmten Zutaten noch schneller finden können, stehen in diesem Register zusätzlich auch beliebte Zutaten wie **Kartoffeln** oder **Linsen** – ebenfalls alphabetisch geordnet und **hervorgehoben** – über den entsprechenden Rezepten.

Wir sind für Sie da!
Montag–Donnerstag: 8.00–18.00 Uhr;
Freitag: 8.00–16.00 Uhr
Tel.: 0180-5005054*
Fax: 0180-5012054*
*(0,14 !/Min. aus dem dt. Festnetz/ Mobilfunkpreise können abweichen.)
E-Mail:
leserservice@graefe-und-unzer.de

GRÄFE UND UNZER VERLAG
Leserservice
Postfach 86 03 13
81630 München

Redaktion: Sigrid Burghard
Lektorat: Saskia Nickles
Korrektorat: Mischa Gallé
Layout, Typografie und Umschlaggestaltung: independent Medien-Design, München
Satz: abavo GmbH, Buchloe
Herstellung: Claudia Labahn
Reproduktion: Repro Ludwig, Zell am See
Druck: Firmengruppe APPL, aprinta druck, Wemding
Bindung: Firmengruppe APPL, sellier druck, Freising

ISBN 978-3-8338-1632-1

1. Auflage 2009

GRÄFE UND UNZER

Ein Unternehmen der
GANSKE VERLAGSGRUPPE

Die Autorin

Anne-Katrin Weber veröffentlichte bereits zahlreiche Koch- und Backbücher – darunter auch den Bestseller »Kleine Kuchen«. In diesem Buch stellt sie Ihnen ihre liebsten Suppenrezepte vor. Wenn sie sich nicht gerade neue Rezepte ausdenkt, arbeitet die gelernte Köchin und studierte Ernährungswissenschaftlerin als Foodstylistin für renommierte Zeitschriften, PR und Werbung. Dabei setzt sie ihre Rezepte stilsicher und natürlich um. Weitere Arbeiten von ihr sind unter www.annekatrinweber.de zu sehen.

Der Fotograf

Wolfgang Schardt kann seine Liebe für Essen und Trinken beruflich ausleben: In seinem Studio in Hamburg fotografiert er vor allem Food, Stills und Interieur für Magazine wie FEINSCHMECKER, für Verlage und Werbung. Unterstützt wurde er von Anne-Katrin Weber (Foodstyling) und Anke Politt (Fotoassistenz).

Titelbildrezept

Tomatensuppe mit Ricottaklößchen, Seite 37 und 9

Bildnachweis

Titelfoto: Jörn Rynio, Hamburg
alle anderen: Wolfgang Schardt, Hamburg

Die Temperaturangaben bei Gasherden variieren von Hersteller zu Hersteller. Welche Stufe Ihres Herdes der jeweils angegebenen Temperatur entspricht, entnehmen Sie bitte der Gebrauchsanweisung. Bei Elektroherden können die Backzeiten je nach Herd variieren.

Feine Zutaten für feine Süppchen

Asiatisch

Für Freunde der asiatischen Suppenküche lohnt sich der Gang zum nächsten Asialaden. Sojasauce und Fischsauce dürfen in kaum einer Asia-Suppenschüssel fehlen. Limettenblätter (frisch oder TK) und Zitronengras sorgen für Zitrusduft. Eine große Auswahl an gelben, grünen und roten Currypasten aus dem Glas oder im Päckchen sorgt für würzige Schärfe, Kokosmilch aus der Dose für sahnige Cremigkeit. Frischer Ingwer schmeckt zitronig-scharf und ist darüber hinaus sehr gesund. Er stärkt die Immunabwehr, wirkt desinfizierend und unterstützt besonders nach einem schweren Essen die Verdauung. Aromatische Kräuter wie Koriandergrün, Thai-Basilikum und asiatische Minze geben der Asia-Suppe den Frische-Kick.

Cremig

Erst die Sahne macht aus einer einfachen Püreesuppe einen Suppentraum. Wer den hohen Fettanteil scheut, kann sie durch pflanzliche Sojasahne ersetzen. Ein Klacks Crème fraîche in der Suppe verhilft ihr zu feiner Cremigkeit und bringt eine Spur frische Säure mit. Schmant mit ca. 20 % Fett enthält nicht ganz so viele Kalorien wie der französische Nachbar. Auch ein Löffel saurer Sahne auf der Suppe lässt sie gleich noch einmal so gut schmecken. Naturjoghurt mildert Curry-Schärfe und passt auch gut zu würzigen Suppen und Eintöpfen wie der Indischen Linsensuppe von Seite 40 oder dem Süßkartoffel-Rindfleisch-Eintopf von Seite 58.

Kräuterwürzig

Ohne Kräuter und Gewürze geht nichts in der guten Suppenküche! Feste Kräuter wie Rosmarin, Thymian und Bohnenkraut können Sie einige Zeit mitkochen lassen. Die Mehrzahl der Kräuter ist jedoch empfindlicher: Basilikum, Dill, Schnittlauch, Koriandergrün oder Minze vertragen keine Hitze. Farbe und Geschmack der zarten Kräutlein leiden darunter erheblich. Diese daher erst auf die fertige Suppe streuen. Ganze Gewürze wie Pimentkörner, Koriandersamen oder Lorbeerblätter können von Anfang an mitgekocht werden. Gemahlene Gewürze lieber erst zum Abschmecken nehmen. Außerhalb der Kräuter-Saison können Sie auch auf Tiefkühl-Kräuter und getrocknete Kräuter zurückgreifen.